Nina Schiefelbein

Das ultimative Fußball REKORDE QU!Z?

Mit Bildern von
Sabine Legien

FISCHER Meyers Kinderbuch

Bundesliga

1

Wie viele Bundesligatore schoss Rekordhalter Gerd Müller in seiner Karriere?

A) 165 B) 265 C) 365

2

Am 11./12. Mai 1984 fielen die bisher meisten Tore an einem Bundesligaspieltag. Wie viele waren es?

A) 33 B) 53 C) 73

3

Wer schoss den schnellsten Bundesligahattrick (drei Tore hintereinander) aller Zeiten?

A) Robert Lewandowski
B) Mario Götze
C) Arjen Robben

4

Wer war der erste Bundesliga-torschützenkönig?

A) Helmut Rahn
B) Uwe Seeler
C) Franz Beckenbauer

5

Von welchem Bruderpaar wurden beide Spieler Bundesligatorschützenkönige?

A) Dieter und Uli Hoeneß
B) Sven und Lars Bender
C) Klaus und Thomas Allofs

6 Wie viele Bundesligasaisons spielte der Rekordhalter Klaus Fichtel?

A) 18   B) 22   C) 26

7 Wie viele Spiele absolvierte der Rekordhalter Karl-Heinz „Charly" Körbel in der Bundesliga?

A) über 400
B) über 500
C) über 600

8 Für wie viele Vereine spielte Charly Körbel als Bundesligaspieler?

A) 1   B) 5   C) 12

9

Welcher Bundesligaspieler bekam in seiner Laufbahn die meisten gelben Karten?

A) David Jarolim
B) Stefan Effenberg
C) Torsten Frings

10

Wie viele Eigentore eines Spielers sind der Rekord in der 1. Bundesliga?

A) 2 B) 4 C) 6

11 Welchen Bundesligarekord hält Helmut Rahn, der Finalheld der WM 1954?

A) Er schoss das erste Bundesligator.
B) Er bekam den ersten Platzverweis der Bundesliga.
C) Er wurde als erster Spieler bei einem Bundesligaspiel ausgewechselt.

12 Welcher Spieler stellte 2007 den Bundesligarekord des ehemaligen Bayern-Stürmers Jürgen Ey von 1970 ein?

A) Demba Ba
B) Thomas Müller
C) David Odonkor

13

Mit welcher in einem Spiel zurückgelegten Laufdistanz hält Tolga Cigerci den Rekord in der 1. Bundesliga?

A) knapp 10 Kilometer
B) knapp 14 Kilometer
C) knapp 18 Kilometer

14

Welche Höchstgeschwindigkeit lief der Braunschweiger Ken Reichel 2013 als schnellster Bundesligaspieler?

A) über 30 Stundenkilometer
B) über 35 Stundenkilometer
C) über 45 Stundenkilometer

15

Aus welcher Entfernung schoss Moritz Stoppelkamp vom SC Paderborn das bisher weiteste Bundesligator?

A) aus 82 Metern
B) aus 92 Metern
C) aus 102 Metern

16 Welches Team gewann die erste Bundesligasaison?

A) Hamburger SV
B) 1. FC Köln
C) MSV Duisburg

17 Welche Bundesliga-mannschaft errang als Erste einen europäischen Titel?

A) Borussia Dortmund
B) Hertha BSC Berlin
C) 1. FC Köln

18 Welches Team beendete bisher als Einziges eine Bundesligasaison ohne Heimsieg?

A) 1. FC Köln
B) SpVgg Greuther Fürth
C) VfL Bochum

19 Wie oft wurde Bayern München bereits 3-mal hintereinander Deutscher Meister?

A) 2-mal B) 3-mal C) 4-mal

20 Welchem Bundesligaklub gelang es als Erstem, eine Deutsche Meisterschaft im Folgejahr zu verteidigen?

A) Borussia Mönchengladbach
B) 1. FC Köln
C) Bayern München

21 Welche Mannschaften stiegen bisher am häufigsten in die 1. Bundesliga auf?

A) Hamburger SV und MSV Duisburg
B) Arminia Bielefeld und 1. FC Nürnberg
C) SC Paderborn und FC Augsburg

22 Welche Mannschaft schaffte es bisher als Einzige, als Aufsteiger sofort die Deutsche Meisterschaft zu gewinnen?

A) 1. FC Kaiserslautern
B) 1. FC Nürnberg
C) FC St. Pauli

23 Wie hieß der erste Tabellenletzte der Bundesliga?

A) 1. FC Saarbrücken
B) Rot-Weiß Essen
C) Eintracht Frankfurt

24 Welche Mannschaft stieg in der ersten Bundesligasaison ab – und nie wieder auf?

A) Kickers Offenbach
B) 1. FC Saarbrücken
C) Preußen Münster

25 Wie wenige Punkte erzielte Tasmania Berlin als bisher schlechtester Bundesligaabsteiger in der gespielten Saison?

A) 0   B) 8   C) 16

26 Welche Bundesligamannschaft hat das größte Stadion?

A) Bayern München
B) Borussia Dortmund
C) 1. FSV Mainz 05

27 Bei welcher Bundesligamannschaft ist als Einziger seit 2007 jedes Heimspiel ausverkauft?

A) Bayern München
B) Borussia Dortmund
C) 1. FSV Mainz 05

28 Wie viele der 306 Bundesligaspiele waren in der Rekordsaison 2010/2011 ausverkauft?

A) 99 B) 169 C) 206

29 Welcher Verein ist der westlichste, der bisher in der Bundesliga spielte?

A) 1. FC Saarbrücken
B) Borussia Mönchengladbach
C) Alemannia Aachen

30 Welcher Torhüter gewann die meisten deutschen Meistertitel?

A) Uli Stein
B) Oliver Kahn
C) Manuel Neuer

31

Welcher Torwart spielte im Durchschnitt die meisten Spiele „zu null", ließ also keinen Ball durch?

A) Uli Stein
B) Oliver Kahn
C) Manuel Neuer

32

Welcher Torwart hat in seiner Bundesligakarriere die meisten Elfmeter gehalten?

A) Andreas Köpke
B) Rudi Kargus
C) Toni Schumacher

33 Welcher Torhüter schoss die meisten Bundesligatore?

A) Roman Weidenfeller
B) Frank Rost
C) Hans Jörg Butt

34 Wie viele Elfmeter verwandelte der Rekordhalter Manfred Kaltz in seiner Bundesligakarriere?

A) 13 B) 33 C) 53

35 Wie viele Elfmeter (und damit die meisten aller Elfmeterschützen) hat Jürgen Grabowski in seiner Bundesligazeit verschossen?

A) 5 B) 10 C) 15

36 Wie endete der höchste Sieg in einem Bundesligaspiel?

A) 9:0 B) 12:0 C) 15:0

37 Wie viele gelbe und rote Karten wurden im Bundesligaspiel mit den meisten Verwarnungen gezeigt?

A) 5 B) 10 C) 15

38 Wie viele rote Karten gab es 1999 im Bundesligaspiel Hansa Rostock gegen den SSV Ulm – und damit die meisten in einem Bundesligaspiel?

A) 3 B) 4 C) 5

39

Wie viele Strafstöße gingen in dem Bundesligaspiel mit den meisten verwandelten Elfmetern ins Tor?

A) 4 B) 6 C) 8

40

Wie viele Menschen sahen 1969 das Bundesligaspiel mit der höchsten Zuschauerzahl: Hertha BSC Berlin gegen den 1. FC Köln?

A) knapp 80 000
B) knapp 90 000
C) knapp 100 000

41

Wer hatte die meisten Bundesliga-einsätze als Trainer?

A) Otto Rehhagel
B) Felix Magath
C) Jürgen Klopp

42

Wie alt war Matthias Sammer, als er 2002 als jüngster Trainer mit Borussia Dortmund Deutscher Meister wurde?

A) 30 B) 34 C) 38

43

Welcher Trainer wurde am häufigsten Deutscher Meister?

A) Udo Lattek
B) Ottmar Hitzfeld
C) Otto Rehhagel

44

Welcher Verein hielt die meisten Spielzeiten lang an ein und demselben Trainer fest?

A) Bayern München
B) Schalke 04
C) Werder Bremen

45

Was ist die höchste Zahl an Trainern, die ein Bundesligaverein in einer Saison beschäftigte?

A) 4 B) 5 C) 6

46

Wie viele Ballkontakte hatte Xabi Alonso in einem Spiel – und damit die meisten eines Bundesligaspielers?

A) über 100
B) über 150
C) über 200

47

Welches ist die höchste Rückennummer, mit der in der Bundesliga jemals gespielt wurde?

A) 55   B) 77   C) 99

48

Welcher Verein hat nach dem HSV die meisten Jahre in der Bundesliga gespielt?

A) Bayern München
B) 1. FC Köln
C) Werder Bremen

49

Am wievielten Spieltag stand Bayern München in seiner Rekordsaison als Meister fest?

A) am 26. Spieltag
B) am 27. Spieltag
C) am 28. Spieltag

50

Wie viele Spieler spielten bei Bayern München in der Saison mit den wenigsten in der Bundesliga eingesetzten Spielern?

A) 13 B) 17 C) 21

Nationalmannschaft

51

Wann fand das erste Spiel der deutschen Nationalmannschaft statt?

A) 1908   B) 1938   C) 1968

52

Welcher Nationaltrainer war am längsten im Amt?

A) Sepp Herberger
B) Franz Beckenbauer
C) Rudi Völler

53 Wie hoch fiel der bislang höchste Sieg der Nationalmannschaft aus?

A) 10:0 B) 13:0 C) 16:0

54 Wie viele Tore schoss Gottfried Fuchs in diesem Spiel und hält damit den deutschen Rekord?

A) 5 B) 8 C) 10

55 In wie vielen Länderspielen ließ der Nationaltorhüter Sepp Maier kein Gegentor zu?

A) 22 B) 33 C) 44

56 Welcher Spieler hatte die meisten Einsätze in der deutschen Nationalmannschaft?

A) Jürgen Klinsmann
B) Lothar Matthäus
C) Franz Beckenbauer

57 Welcher Spieler schoss die meisten Tore für die deutsche Nationalmannschaft?

A) Miroslav Klose
B) Michael Ballack
C) Uwe Seeler

58 Wie alt war der jüngste National-
spieler bei seinem ersten Einsatz?

A) 15 B) 17 C) 19

59 Welcher Spieler spielte die
meisten Länderspiele in Folge?

A) Franz Beckenbauer
B) Philipp Lahm
C) Oliver Kahn

60 Welcher Spieler verwandelte die meisten
Elfmeter für die Nationalmannschaft?

A) Bastian Schweinsteiger
B) Michael Ballack
C) Paul Breitner

Weltmeisterschaft

61

Wo fand 1930 die erste Fußball-weltmeisterschaft statt?

A) England
B) Argentinien
C) Uruguay

62

Welches WM-Finale sahen die meisten Stadionzuschauer?

A) 1950 in Brasilien
B) 1966 in England
C) 2002 in Japan

63

Wann wurde das erste Spiel bei einer WM durch Elfmeterschießen entschieden?

A) 1930   B) 1966   C) 1982

64

Wie endete der bislang höchste Sieg in einem WM-Spiel?

A) 7:1   B) 10:1   C) 13:1

65

Wie viele Platzverweise – und damit die meisten bei einem WM-Spiel – gab es während der Partie Portugal gegen die Niederlande bei der WM 2006?

A) 2   B) 3   C) 4

66

Welche Mannschaft gewann die meisten WM-Titel?

A) Deutschland
B) Italien
C) Brasilien

67

Welches Land hat bisher als Einziges an allen Weltmeisterschaften teilgenommen?

A) Argentinien
B) Brasilien
C) Uruguay

68

Welches Team konnte als erste europäische Mannschaft in Südamerika Weltmeister werden?

A) Deutschland
B) Spanien
C) Italien

69

Wie oft stand Deutschland in einem WM-Finale – und damit am häufigsten von allen Teams?

A) 8-mal B) 10-mal C) 12-mal

70

Wie oft wurde bereits ein Team Weltmeister, das von einem ausländischen Trainer geführt wurde?

A) 5-mal B) 2-mal C) nie

71

Welche Mannschaft schoss die bisher meisten WM-Tore?

A) Deutschland
B) Brasilien
C) Argentinien

72

Wie viele Tore schoss Spanien während der WM 2010? Es waren die wenigsten, die ein Weltmeister während des Turniers erzielte.

A) 5 B) 8 C) 11

73

Welchen WM-Rekord hält das Team der Schweiz seit 2006?

A) Es beendete die längste Spielserie ohne Torerfolg.
B) Es stellte den ältesten Torwart bei einer WM.
C) Es war das erste Team, das in einem WM-Elfmeterschießen keinmal traf.

74 Welcher WM-Gastgeber erlitt die höchste Niederlage?

A) Brasilien
B) Südkorea
C) USA

75 Welchen Rekord hält das niederländische Team seit der WM 2014?

A) Es hatte den jüngsten Altersdurchschnitt.
B) Es brachte als erste Mannschaft alle gemeldeten Spieler zum Einsatz.
C) Es hatte den größten Mannschaftsbus.

76

Welcher Spieler wurde bislang als Einziger 3-mal Weltmeister?

A) Lothar Matthäus
B) Pelé
C) Lionel Messi

77

Welcher Deutsche gewann bisher als Einziger sowohl als Kapitän als auch als Trainer die WM?

A) Jürgen Klinsmann
B) Berti Vogts
C) Franz Beckenbauer

78

Wer stand bei einer WM am häufigsten als Kapitän seiner Mannschaft auf dem Platz?

A) Franz Beckenbauer
B) Diego Maradona
C) Michel Platini

79

Welcher Spieler erzielte die meisten WM-Tore?

A) Gerd Müller
B) Franz Beckenbauer
C) Miroslav Klose

80

Welcher deutsche Spieler schoss die zwei schnellsten Tore hintereinander bei einer WM?

A) Mario Götze
B) Toni Kroos
C) Miroslav Klose

81 Wie alt war der älteste WM-Spieler?

A) 40 Jahre
B) 43 Jahre
C) 46 Jahre

82 Wie alt war der älteste WM-Torschütze bei seinem letzten Treffer?

A) 32   B) 38   C) 42

83 Wie alt war der Engländer David James, als er 2010 sein erstes WM-Spiel bestritt und damit der älteste „WM-Neuling" war?

A) 29   B) 34   C) 39

84

Was haben Uwe Seeler, Pelé und Miroslav Klose gemeinsam?

A) Sie waren die jeweils jüngsten WM-Teilnehmer.
B) Sie schossen Tore bei jeweils 4 Weltmeisterschaften.
C) Sie schossen jeweils das spielentscheidende Tor in einem WM-Finale.

85

Welchen Rekord halten der Franzose Just Fontaine, der Brasilianer Jairzinho und der Uruguayer Alcides Ghiggia gemeinsam?

A) Sie schossen in jedem ihrer WM-Spiele ein Tor.
B) Sie schossen je 2 Eigentore bei einer WM.
C) Sie verschossen je 3 Elfmeter bei einer WM.

86

Welchen kuriosen Rekord hält der Kroate Josip Simunic seit dem WM-Spiel gegen Australien 2006?

A) Er erhielt drei gelbe Karten.
B) Er wurde 2-mal eingewechselt.
C) Er lief die längste Strecke in einem Spiel rückwärts.

87

Wie viele verschiedene Spieler schossen beim WM-Spiel Jugoslawien gegen Zaire 1974 ein Tor?

A) 5 B) 7 C) 9

88

Nach wie vielen Minuten flog der Uruguayer José Batista bei der WM 1986 vom Platz?

A) nach 1 Minute
B) nach 2 Minuten
C) nach 3 Minuten

89

Wie viele Minuten WM-Spielzeit kann der Rekordhalter Paolo Maldini für sich verbuchen?

A) über 1000 Minuten
B) über 2000 Minuten
C) über 5000 Minuten

90

Wie alt war Pelé, als er als jüngster Spieler bei einer WM einen Hattrick erzielte?

A) 17 Jahre
B) 19 Jahre
C) 21 Jahre

91

Nach wie vielen Sekunden fiel das schnellste WM-Tor?

A) nach 1 Sekunde
B) nach 11 Sekunden
C) nach 111 Sekunden

92

Nach wie vielen Sekunden schoss Uruguays Richard Morales 2002 das schnellste WM-Tor eines Einwechselspielers?

A) nach 16 Sekunden
B) nach 36 Sekunden
C) nach 56 Sekunden

93

In welcher Minute fiel das späteste spielentscheidende Tor in einem WM-Finale?

A) in der 95. Spielminute
B) in der 116. Spielminute
C) in der 122. Spielminute

94

Wie viele Tore fielen in dem WM-Spiel mit den meisten Treffern?

A) 9 B) 12 C) 15

95

Mit wie wenigen Toren wurde Italien 1970 Gruppenerster in der WM-Vorrunde?

A) mit 1 Tor
B) mit 2 Toren
C) mit 3 Toren

96

Wie alt war der älteste Schiedsrichter, der ein WM-Finale leitete?

A) 43 Jahre
B) 53 Jahre
C) 63 Jahre

97

Welchen Rekord hält der argentinische Schiedsrichter Horacio Elizondo seit der WM 2006 in Deutschland?

A) Er pfiff als Erster das Eröffnungsspiel und das Finale bei einer WM.
B) Er war der erste Profischiedsrichter bei einer WM.
C) Er zeigte die meisten gelben Karten in einem WM-Finale.

98

Welcher Trainer war der älteste, der eine WM-Mannschaft betreute?

A) Otto Rehhagel
B) Alex Ferguson
C) Vicente del Bosque

99

Welchen WM-Rekord hält der brasilianische Trainer Carlos Alberto Parreira?

A) Er war der jüngste Trainer einer Weltmeistermannschaft.
B) Er absolvierte die meisten WM-Spiele als Trainer.
C) Er wurde als erster Trainer während einer WM entlassen.

100

Warum begann das Spiel Jugoslawien gegen Brasilien bei der WM 1950 – bisher einmalig – mit nur 21 Spielern?

A) Der brasilianische Trainer hatte sich bei der Aufstellung verzählt.
B) Ein jugoslawischer Spieler hatte sich in der Kabine verletzt und musste behandelt werden.
C) Ein brasilianischer Spieler bekam bereits vor Anpfiff eine rote Karte.

Europameisterschaft

101

Wie wenige Gegentore kassierte Spanien bei seinem EM-Sieg 2012 im gesamten Turnier und hält damit den „Minus"-Rekord?

A) keins B) 1 Tor C) 2 Tore

102

Welcher Mannschaft gelang es bisher als Einziger, einen EM-Titel im Folgeturnier zu verteidigen?

A) Deutschland
B) Italien
C) Spanien

103
Welche Mannschaft gewann als Erste eine Europameisterschaft durch ein Golden Goal – das erste Tor in der Verlängerung?

A) Frankreich
B) Dänemark
C) Deutschland

104
Welches Team siegte sowohl im Halbfinale als auch im Finale einer EM durch Golden Goal?

A) Frankreich
B) Dänemark
C) Deutschland

105
Welchen Rekord hält die dänische Mannschaft seit der EM 1992?

A) Sie wurde als erster Lucky Loser Europameister.
B) Sie erzielte den höchsten Sieg in einem EM-Finale.
C) Sie gewann als einzige Mannschaft, die in der Vorrunde nur Zweiter war, die EM.

106

Welches Land kreierte aus fast 35 000 Menschen das größte „lebende" Fußballlogo, um sich als Austragungsort für eine EM zu bewerben?

A) Deutschland
B) Portugal
C) Frankreich

107

Wer wurde 1960 erster Europameister?

A) Frankreich
B) Sowjetunion
C) Jugoslawien

108

Wie lange dauerte die erste Fußballeuropameisterschaft?

A) ca. 2 Wochen
B) ca. 2 Monate
C) ca. 2 Jahre

109

Wie viele Zuschauer sahen das bisher schlechtestbesuchte EM-Spiel zwischen Ungarn und Dänemark 1964 im Camp Nou von Barcelona?

A) knapp 4000
B) knapp 10 000
C) knapp 40 000

110

Wie viele Tore fielen im bisher torreichsten Spiel einer EM?

A) 7 B) 9 C) 11

111

Wie viele Minuten benötigte der Franzose Michel Platini 1984 für den bisher schnellsten Hattrick bei einer EM?

A) 8 Minuten
B) 18 Minuten
C) 28 Minuten

112

Welcher Deutsche gewann bisher als Einziger sowohl als Spieler als auch als Trainer die EM?

A) Jürgen Klinsmann
B) Berti Vogts
C) Franz Beckenbauer

113

Wie alt war der Niederländer Jetro Willems bei seinem EM-Einsatz gegen Dänemark 2012 und wurde damit zum jüngsten EM-Spieler aller Zeiten?

A) 16 Jahre
B) 17 Jahre
C) 18 Jahre

114

Welcher Spieler schoss die meisten Endrundentore bei einer EM?

A) Michel Platini
B) Gerd Müller
C) Ruud van Nistelrooy

115

Wie alt war Irlands Trainer Giovanni Trappatoni bei der EM 2012 und damit der älteste Trainer eines EM-Turniers?

A) 65 Jahre
B) 73 Jahre
C) 79 Jahre

Europäischer Fußball

116

In welchem Land wurden die ersten Fußballvereine der Welt gegründet?

A) Deutschland
B) England
C) Portugal

117

Welcher Verein hat als Erster das „europäische Triple" (nationale Meisterschaft, nationaler Pokal, Champions League) mehrfach gewonnen?

A) FC Barcelona
B) Inter Mailand
C) FC Porto

118

Welcher europäische Verein wurde am häufigsten Meister im eigenen Land?

A) Sporting Lissabon
B) FC Kopenhagen
C) Glasgow Rangers

119

Welche europäische Mannschaft gewann die meisten aufeinanderfolgenden Spiele über alle Wettbewerbe hinweg?

A) Steaua Bukarest
B) Celtic FC
C) AC Mailand

120

Welche europäischen Erstligisten haben den kürzesten Weg zu einem Auswärtsspiel?

A) AC und Inter Mailand
B) Dundee United und Dundee FC
C) Lazio Rom und AS Rom

121

Wie hoch war die Tordifferenz im höchsten Europapokalsieg bezogen auf Hin- und Rückspiel zusammen?

A) 11 Tore
B) 15 Tore
C) 18 Tore

122

Welche Mannschaft hat den Europapokal bzw. die Champions League – zusammengerechnet – am häufigsten gewonnen?

A) Real Madrid
B) Bayern München
C) Ajax Amsterdam

123

Wann wurde zum letzten Mal ein Europapokal- bzw. Champions-League-Spiel per Münzwurf entschieden?

A) 1957 B) 1969 C) 1992

124

Wo lag das jüngste Durchschnittsalter einer Mannschaft bei einem Champions-League-Spiel?

A) bei knapp 18 Jahren
B) bei knapp 21 Jahren
C) bei knapp 24 Jahren

125

Welcher FC-Bayern-Spieler schoss das bisher schnellste Champions-League-Tor?

A) Arjen Robben
B) Roy Makaay
C) Mehmet Scholl

126

Welche Mannschaft ist der Rekordmeister der spanischen Primera División?

A) Real Madrid
B) Atlético Madrid
C) FC Barcelona

127

Wie viele Tore schoss Lionel Messi in der Saison 2011/12 in seinen 37 Spielen für den FC Barcelona?

A) 37 B) 50 C) 100

128

Wie viele rote bzw gelb-rote Karten erhielt Sergio Ramos von Real Madrid – und damit die meisten in der Primera División?

A) 9 B) 19 C) 29

129 Welcher Verein hält den Rekord mit den meisten geschossenen Toren in einer Saison?

A) Real Madrid
B) FC Barcelona
C) FC Valencia

130 Wie endete das bislang höchste Unentschieden in der Primera División?

A) 6:6   B) 8:8   C) 10:10

131 Welcher Verein ist der älteste in der italienischen Serie A?

A) FC Bologna
B) Juventus Turin
C) CFC Genua

132 Welcher Trainer hat mit sieben Titeln die meisten der Serie A geholt?

A) Pep Guardiola
B) Giovanni Trappatoni
C) Roberto di Matteo

133 Für wie viele verschiedene Vereine der Serie A schoss Nicola Amoruso mindestens 1 Tor?

A) 6 B) 9 C) 12

134 Welcher Spieler ist Rekordnationalspieler in Italien?

A) Gianluigi Buffon
B) Andrea Pirlo
C) Mario Balotelli

135 Wie viele Serie-A-Spiele leitete der Schiedsrichter Pierluigi Collina?

A) 120 B) 240 C) 480

136

Wie schnell war der schnellste gemessene Torschuss der englischen Premier League?

A) 83 km/h
B) 183 km/h
C) 283 km/h

137

Welchem Verein gelang es in der Premier League, eine komplette Saison ohne Niederlage zu beenden?

A) FC Arsenal
B) FC Liverpool
C) FC Chelsea

138 In wie vielen englischen Ligen hatte Jack Hobbs bereits gespielt, bevor er 20 Jahre alt wurde?

A) in 2   B) in 4   C) in 6

139 Wie viele Titel gewann Sir Alex Ferguson in seiner Laufbahn als Trainer?

A) 29   B) 49   C) 69

140 Was war kurios am Abstieg von Manchester City 1938?

A) Sie stiegen ab, obwohl sie die meisten Tore der Liga geschossen hatten.
B) Sie stiegen wegen außerordentlich vieler Schiedsrichterbeleidigungen zwangsweise ab.
C) Sie stiegen aus der ersten direkt in die vierte Liga ab.

141 Welche Mannschaft wurde am häufigsten französischer Meister?

A) Paris Saint-Germain
B) AS Saint Etienne
C) AS Monaco

142 Wie oft hintereinander wurde Olympique Lyon französischer Meister?

A) 4-mal B) 7-mal C) 10-mal

143 Wie viele Ligue-1-Spiele des französischen Vereins AJ Auxerre leitete der Trainer Guy Roux?

A) knapp 500
B) knapp 700
C) knapp 900

144

Wie viele Ballkontakte hatten die Spieler von Paris Saint-Germain im Rekordspiel der Ligue 1?

A) über 500
B) über 1000
C) über 2000

145

Welcher Spieler war der erfolgreichste Torschützenkönig der Ligue 1?

A) Karim Benzema
B) Zlatan Ibrahimovic
C) Thierry Henry

146

Welche Mannschaft hat die Eredivisie, die höchste niederländische Liga, am häufigsten gewonnen?

A) PSV Eindhoven
B) Ajax Amsterdam
C) FC Twente

147

Wie oft gewann der lettische Verein Skonto Riga die nationale Meisterschaft in Folge – und damit am häufigsten in Europa?

A) 9-mal   B) 14-mal   C) 21-mal

148

Wie oft stieg der zyprische Klub Aris Limassol von 1997 bis 2015 zwischen den ersten beiden Ligen des Landes auf und ab?

A) 14-mal   B) 16-mal   C) 18-mal

149

Welche Rekordserie gelang dem rumänischen Klub Steaua Bukarest?

A) Er blieb drei Saisons lang ungeschlagen.
B) Er wurde 15-mal hintereinander rumänischer Meister.
C) Er spielte die meisten Unentschieden in Folge.

150

Wie viele Teams spielen in der kleinsten Liga der Welt, auf den englischen Scilly-Inseln?

A) 2   B) 4   C) 8

Frauenfußball

151

Wann fand die erste offizielle Frauen-Europameisterschaft statt?

A) 1964 B) 1984 C) 2004

152

Welche Mannschaft wurde am häufigsten Frauen-Europameister?

A) Schweden
B) Deutschland
C) England

153

Wie viele Tore schoss Inka Grings bei der EM 2009 und ist damit beste EM-Torschützenkönigin?

A) 6 B) 10 C) 14

154

Wer war die jüngste Spielerin in einem Frauen-WM-Finale?

A) Marta
B) Birgit Prinz
C) Abby Wambach

155

Welchen Rekord stellten die deutschen Fußballerinnen bei der WM 2007 auf?

A) Sie waren die jüngste WM-Mannschaft.
B) Sie erzielten das schnellste WM-Tor.
C) Sie wurden die ersten Weltmeisterinnen ohne Gegentor.

156

Wie viele Tore schoss das deutsche Frauennationalteam bei seinem höchsten Sieg?

A) 12 B) 17 C) 21

157

Wie häufig spielte die Rekordnationalspielerin Birgit Prinz im deutschen Trikot?

A) 54-mal B) 214-mal C) 504-mal

158 Wie viele Tore schoss Rekordtorschützin Birgit Prinz für Deutschland?

A) 71 B) 128 C) 151

159 Wie viele Elfmeter verwandelte die Rekordelfmeterschützin Bettina Wiegmann für die Nationalmannschaft?

A) 7 B) 12 C) 19

160 Welche Fußballerin wurde am häufigsten Weltfußballerin des Jahres?

A) Marta
B) Birgit Prinz
C) Abby Wambach

161

Welches Team wurde erster Deutscher Meister der Frauen?

A) TuS Wörrstadt
B) Tennis Borussia Berlin
C) SSG 09 Bergisch Gladbach

162

Welche Frauenmannschaft wurde am häufigsten Deutscher Meister?

A) FFC Frankfurt
B) FFC Turbine Potsdam
C) SSG 09 Bergisch Gladbach

163 Welche Spielerin wurde am häufigsten Torschützenkönigin der Frauenbundesliga?

A) Brigit Prinz
B) Inka Grings
C) Fatmire Alushi

164 Wie viele Elfmeter verwandelte Inka Grings in der Bundesliga und hält damit den Rekord?

A) 5 B) 10 C) 15

165 Welche Frauenbundesligamannschaft hat das größte Stadion?

A) SGS Essen
B) VfL Wolfsburg
C) FFC Frankfurt

166

Aus welchem Land kamen bisher die meisten Sieger der Women's Champions League?

A) Deutschland
B) Frankreich
C) Schweden

167

Wie alt war Amy Wilding, als sie als jüngste Spielerin in einem offiziellen Frauenverbandsspiel einen Hattrick schoss?

A) 12 Jahre B) 15 Jahre C) 18 Jahre

168

Wann leitete die erste Schiedsrichterin ein UEFA-Cup-Spiel der Männer?

A) 1993 B) 2003 C) 2013

169

Wie alt war Daisy Goldsmith, als sie ihr erstes Spiel als jüngste qualifizierte Schiedsrichterin der englischen Football Association pfiff?

A) 10 Jahre B) 14 Jahre C) 18 Jahre

170

Wie viele Teams spielten beim größten Frauenfußballturnier der Welt?

A) über 100
B) über 1000
C) über 2000

Tore

171

Nach wie vielen Sekunden fiel das schnellste Tor der Fußballgeschichte?

A) nach knapp 1 Sekunde
B) nach knapp 3 Sekunden
C) nach knapp 10 Sekunden

172

Wie viele Tore schoss der Brasilianer und erfolgreichste Torschütze aller Zeiten Arthur Friedenreich während seiner Karriere?

A) 1329 B) 2193 C) 3219

173

Wie lang war das längste Solodribbling, das zu einem Tor führte?

A) 70 Meter
B) 80 Meter
C) 90 Meter

174

Über welche Strecke wurde das „weiteste" Kopfballtor geköpft?

A) über 18 Meter
B) über 38 Meter
C) über 58 Meter

175

Innerhalb wie vieler Sekunden wurde der schnellste Hattrick aller Zeiten erzielt?

A) in 89 Sekunden
B) in 209 Sekunden
C) in 339 Sekunden

176

Welcher Spieler schoss bei den meisten Ligaspielen in Folge ein Tor?

A) Arjen Robben
B) Gerd Müller
C) Lionel Messi

177

Welchen Rekord stellte der englische Torwart Charlie Williams im April 1900 auf?

A) Er erzielte als erster Torwart ein Elfmetertor.
B) Er erzielte als erster Torwart ein Tor mit dem Abstoß.
C) Er erzielte als erster Torwart ein Kopfballtor.

178

Wie viele Tore schoss der Australier Archie Thompson im WM-Qualifikationsspiel gegen Amerikanisch Samoa 2001 und damit die meisten in einem Länderspiel?

A) 7 B) 10 C) 13

179

Welcher Rekord wurde bei dem madagassischen Erstligaspiel Stade l'Emyrne gegen AS Aeroport de Madagascar (ADEMA) aufgestellt?

A) Das Spiel mit den meisten Eigentoren.
B) Das Spiel mit den meisten Lattenschüssen.
C) Das Spiel mit den meisten roten Karten für Handspiel.

180

Was war das Einzigartige an den zwei Toren beim 2:0 des englischen Zweitligaklubs Wycombe Wanderers gegen Peterborough im Jahr 2000?

A) Sie fielen direkt hintereinander, ohne dass ein gegnerischer Spieler zwischendrin am Ball war.
B) Es waren beides Freistoßtore, die vom exakt selben Punkt aus geschossen wurden.
C) Beide Tore prallten vom angeschossenen Schiedsrichter ab ins Tor.

181 Wann wurde das erste Tor des Monats in der Sportschau der ARD gewählt?

A) 1963 B) 1971 C) 1985

182 Wann wurde die erste Torschützin des Monats gewählt?

A) 1974 B) 1989 C) 2000

183 Welche Mannschaft gewann die meisten Tore des Monats in einem Jahr?

A) Bayern München
B) 1. FC Köln
C) Borussia Mönchengladbach

184

Wer schoss am häufigsten das Tor des Monats?

A) Karl-Heinz Rummenigge
B) Lukas Podolski
C) Arjen Robben

185

Wie viele Torhüter schossen bereits ein Tor des Monats?

A) 1 B) 4 C) 9

Fußballartistik

186

In welchem Land hielten 2011 gleichzeitig 1377 Menschen für mindestens 10 Sekunden einen Fußball in der Luft?

A) in Brasilien
B) in Polen
C) in China

187

Wie oft innerhalb einer Minute kickte Daniel Magness einen Fußball mit der Schulter in die Höhe?

A) 109-mal
B) 169-mal
C) 219-mal

188

Wie lange balancierte Marcel Gurk 2013 einen Fußball auf seiner Fußsohle?

A) gut 5 Minuten
B) gut 15 Minuten
C) gut 30 Minuten

189

Aus welcher höchsten Höhe wurde ein Fußball von einem Kran aus fallen gelassen, den der englische Nationaltorwart David Seaman noch auffangen konnte?

A) aus über 10 Metern Höhe
B) aus über 50 Metern Höhe
C) aus über 100 Metern Höhe

190

Wie lange konnte Tomas Lundman einen Fußball in der Luft halten, während er auf dem Boden lag?

A) gut 1 Minute
B) gut 5 Minuten
C) gut 10 Minuten

191

Wie viele Runden in einer Minute rollte ein Fußball durch die zu einem Kreis geformten Arme von Marcel Gurk?

A) 19 Runden
B) 119 Runden
C) 319 Runden

192

Wie viele Menschen dribbelten 2011 gleichzeitig durch einen Hütchenparcours?

A) 568 B) 1068 C) 2068

193

Wie viele Stufen stieg Abraham Munoz rauf und runter und hielt dabei ununterbrochen einen Fußball in der Luft?

A) 698 B) 2698 C) 4698

194

Wie viele „Around-the-moon-Tricks"
schaffte Adrian Fogel innerhalb einer
Minute? Bei dem Trick katapultiert er
den Ball vom Nacken in die Luft, rotiert
mit dem Kopf einmal um den Ball und
fängt ihn dann mit dem Nacken wieder auf.

A) 21 B) 41 C) 61

195

Wie weit warf
Markus Gronnemark
beim weitesten gemessenen
Einwurf eines Fußballs?

A) gut 10 Meter
B) gut 50 Meter
C) gut 100 Meter

196

Wie lange prellte Akinori Wase ohne Pause einen Fußball auf seinen Fußsohlen?

A) fast 3 Minuten
B) fast 13 Minuten
C) fast 30 Minuten

197

Wie viele Pässe spielten sich Mitarbeiter einer Firma in Katar und deren Angehörige ohne Unterbrechung zu?

A) fast 200
B) fast 600
C) fast 1200

198

Wie viele T-Shirts zog sich Marcelo Ribeiro da Silva aus, während er gleichzeitig einen Ball auf seinem Kopf prellte?

A) 21 B) 51 C) 101

199 Wie oft innerhalb einer Minute kickte Marcel Gurk einen Fußball mit seinem Kinn in die Luft?

A) 111-mal
B) 211-mal
C) 311-mal

200 Wo lief Jhoen Lefont Rodriguez herum, während er gleichzeitig 1 503-mal den Ball auf seinem Kopf prellte?

A) auf einem Stoppelfeld
B) in einem Schwimmbecken
C) in einem Wald

201

Wie schnell lief Abraham Munoz die 100-Meter-Strecke und hielt dabei mit den Füßen einen Fußball in der Luft?

A) 17,53 Sekunden
B) 57,53 Sekunden
C) 157,53 Sekunden

202

Wie viele Fußbälle gleichzeitig können die Rekordhalter jonglieren?

A) 3 Fußbälle
B) 5 Fußbälle
C) 7 Fußbälle

203

Wie oft prellte Laura Biondo einen Fußball mit dem Kopf innerhalb einer Minute?

A) 26-mal B) 206-mal C) 2006-mal

204

Was tat Daniel Magness noch, während er bei seinem Rekordversuch eine Minute lang einen Fußball immer wieder auf seinem Kopf aufprellen ließ?

A) Seil springen
B) Würstchen essen
C) einen Ball auf dem Fuß balancieren

205

Wie lange konnte Daniel Cutting einen Fußball mit der Brust in der Luft halten?

A) ca. 4,5 Sekunden
B) ca. 45 Sekunden
C) ca. 4,5 Minuten

206

Wie lange konnte Tomas Lundmann einen Fußball mit dem Kopf in der Luft halten?

A) ca. 8,5 Minuten
B) ca. 8,5 Stunden
C) ca. 85 Stunden

207

Mit welchem Körperteil berührte Daniel Cutting einen Fußball 153-mal innerhalb einer Minute?

A) mit den Lippen
B) mit der Nase
C) mit den Ohren

208

Wer hält den Rekord für den Schuss mit der höchsten Geschwindigkeit – eine Maschine oder ein Profifußballer?

A) die Maschine
B) der Profi
C) beide

209

Wie lange brauchte Jan Schrøder La Caille, um einen Marathon zu laufen und dabei die ganze Zeit einen Ball vor sich her zu dribbeln?

A) ca. 2 Stunden
B) ca. 3,5 Stunden
C) ca. 5 Stunden

210

Wie lange schaffte es Victor Rubilar, einen Fußball auf seiner Stirn rotieren zu lassen?

A) knapp 20 Sekunden
B) knapp 2 Minuten
C) knapp 20 Minuten

211

Wie alt war Chloe Hegland, als sie innerhalb von 30 Sekunden einen Fußball 155-mal berührte und damit einen Weltrekord aufstellte?

A) 10 Jahre   B) 14 Jahre   C) 74 Jahre

212

Wie oft innerhalb einer Minute beförderte Marcel Gurk einen Fußball, der in seinem Nacken lag, in die Luft und fing ihn dort wieder auf?

A) 31-mal   B) 61-mal   C) 111-mal

213

Wie oft köpften Dimos
und Renos Christodoulidis
einen Fußball hin und her?

A) über 100-mal
B) über 1000-mal
C) über 10 000-mal

214

Was stieg Iya Traore rückwärts
hinab und hielt dabei einen Fußball
mit dem Fuß in der Luft?

A) den Eiffelturm
B) eine Feuerleiter
C) einen Mammutbaum

215

Wie lange konnte Daniel Magness
einen Fußball mit dem Rücken in
der Luft halten?

A) 4 Sekunden
B) 40 Sekunden
C) 3 Minuten und 40 Sekunden

216

Wie oft innerhalb einer Minute passten Maged Qasem Al Qerbi und Omar Mohammed Alzraiqi einen Fußball zwischen sich hin und her?

A) über 100-mal
B) über 500-mal
C) über 1000-mal

217

Wie oft kickte Marcel Gurk einen Fußball mit dem Schienbein ununterbrochen in die Höhe?

A) 22-mal B) 102-mal C) 202-mal

218

Mit welchem Körperteil passten Billy Wingrove und Jeremy Lynch einen Fußball innerhalb einer halben Stunde 661-mal zwischen sich hin und her?

A) mit dem Nacken
B) mit den Knien
C) mit dem Po

219

Wie lange schaffte es Daniel Magness, dass ein Fußball den Boden nicht berührte?

A) 2 Stunden
B) 18 Stunden
C) 26 Stunden

220

Wie schnell lief Daniel Cutting die 100-Meter-Strecke und balancierte dabei einen Fußball auf seinem Kopf?

A) 11,53 Sekunden
B) 18,53 Sekunden
C) 25,53 Sekunden

Kurioses

221

Wie lange dauerte das längste Fußballspiel der Welt?

A) 13 Stunden
B) 33 Stunden
C) 73 Stunden

222

Wie lange dauerte das längste Hallenfußballspiel?

A) über 10 Stunden
B) über 20 Stunden
C) über 30 Stunden

223

Wie viele Teilnehmer hatte das größte Fußballturnier der Welt?

A) über 2000
B) über 20 000
C) über 200 000

224

In welchem Land liegt der älteste offizielle Fußballplatz?

A) in England
B) in Mexiko
C) in China

225

In welchem Land findet man den nördlichsten Profiverein der Welt?

A) Kanada
B) Norwegen
C) Russland

226

Wie groß ist der größte Fußball der Welt im Durchmesser?

A) gut 12 Meter
B) gut 20 Meter
C) gut 27 Meter

227

Welchen Durchmesser hat die größte Skulptur eines Fußballs?

A) 2,4 Meter
B) 24 Meter
C) 240 Meter

228

Wie viele verschiedene Bälle umfasst die größte Fußballsammlung der Welt?

A) über 800
B) über 1500
C) über 2000

229

Wie alt ist der älteste Fußball der Welt?

A) etwa 150 Jahre
B) etwa 450 Jahre
C) etwa 1050 Jahre

230

Mit wie vielen – FIFA-konformen – Fußbällen füllten Bankangestellte 2005 das Stadion von Mönchengladbach?

A) mit fast 1500
B) mit fast 15 000
C) mit fast 150 000

231

Wessen Trikot wurde für die bisher höchste Summe versteigert?

A) David Beckhams
B) Oliver Kahns
C) Pelés

232

Welche Fußballkostbarkeit hat bisher den höchsten Preis bei einer Versteigerung erzielt?

A) ein Schuh
B) ein Pokal
C) ein Autogramm

233

Welche dieser Ehrungen hat Franz Beckenbauer noch nicht erhalten?

A) die Goldene Kamera
B) die Goldene Sportpyramide
C) den Goldenen Schuh

234

Wie lang ist der längste
Tischfußballtisch der Welt?

A) 11 Meter
B) 101 Meter
C) 1001 Meter

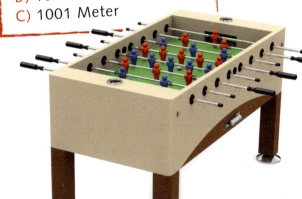

235

In welchem Land liefen zum ersten Mal
Fußballspieler mit Rückennummern
auf den Trikots auf?

A) in Argentinien
B) auf Malta
C) in Australien

Bunt Gekicktes

236

Wie alt war der jüngste Schiedsrichter, der bei einem Turnier ein Fußballspiel leitete?

A) 9 Jahre
B) 12 Jahre
C) 15 Jahre

237

Wie lange war der dienstälteste Schiedsrichter aktiv?

A) 17 Jahre
B) 37 Jahre
C) 57 Jahre

238

Wer wurde am häufigsten zum Weltschiedsrichter des Jahres gewählt?

A) Markus Merk
B) Urs Meier
C) Pierluigi Collina

239

Welchen Rekord stellte der Tunesier Mohamed Jedidi bei seinem Elfmeterschuss im Spiel gegen Serbien/Montenegro bei den Olympischen Spielen 2004 auf?

A) den am häufigsten wiederholten Elfmeter
B) den am häufigsten nachgeschossenen Elfmeter
C) den am häufigsten berührten Elfmeter

240

Wie viele Elfmeter wurden im längsten Elfmeterschießen des DFB-Pokals geschossen?

A) 26 B) 36 C) 46

241

Zwischen welchen Mannschaften fand 1872 das erste Länderspiel der Welt statt?

A) Brasilien und Uruguay
B) Schottland und England
C) Schweiz und Deutschland

242

Welches Land gewann am häufigsten den Afrika-Cup?

A) Ägypten
B) Kamerun
C) Südafrika

243

Welchen Rekord hält der Uruguayer Diego Forlan gemeinsam mit seinem Vater und seinem Großvater?

A) Sie haben alle mindestens einmal die Copa América gewonnen.
B) Sie haben als Einzige als Familienmitglieder aus drei Generationen in einer Ligamannschaft gespielt.
C) Sie haben alle ein Eigentor geschossen, das ihre Mannschaft aus einem großen Turnier ausscheiden ließ.

244

Welcher Spieler wurde 2002 4-mal „nur" Zweiter?

A) David Beckham
B) Michael Ballack
C) Andrés Iniesta

245

Welches ist die kleinste Stadt, deren Fußballverein einen Europapokaltitel holen konnte?

A) Ipswich B) Mechelen C) Braga

246

Wie lange dauerte die längste gemessene Nachspielzeit bei einem deutschen Ligaspiel?

A) 8 Minuten
B) 18 Minuten
C) 28 Minuten

247

Wie alt war der jüngste Spieler, der in der höchsten Liga seines Landes spielte?

A) 12 Jahre
B) 14 Jahre
C) 16 Jahre

248

In wie vielen Ligen spielte Nathan Pond für nur einen Verein, Fleetwood Town in England?

A) 3 B) 5 C) 7

249

In welchem Zeitraum schaffte es Ken Ferris, alle 92 Stadien in England und Wales zu einem Ligaspiel zu besuchen?

A) innerhalb von 2 Monaten
B) innerhalb von 4 Monaten
C) Innerhalb von 8 Monaten

250

Wie oft wurde 1963 das schottische Pokalspiel Stranraer gegen Airdrie verschoben?

A) 11-mal B) 33-mal C) 66-mal

Bundesliga

1 C) Gerd Müller schoss in 427 Spielen 365 Tore.

2 B) 53

3 A) Der FC-Bayern-Stürmer Lewandowski erzielte 2015 innerhalb von 3,22 Minuten drei Tore gegen den VfL Wolfsburg (und innerhalb von insgesamt nur 10 Minuten noch 2 weitere Tore).

4 B) 1964 wurde Uwe Seeler mit 30 Treffern der erste Torschützenkönig der Bundesliga.

5 C) Klaus Allofs wurde 1979 und 1985 Torschützenkönig, sein Bruder Thomas 1989.

6 B) Klaus Fichtel war zwischen 1965 und 1988 in 22 Saisons als Bundesligaspieler aktiv.

7 C) Charly Körbel bestritt zwischen 1972 und 1991 602 Bundesligaspiele.

8 A) In allen seiner 602 Bundesligaspiele trug er das Trikot von Eintracht Frankfurt.

9 B) Stefan Effenberg sah in 370 Spielen 114-mal gelb.

10 C) Manfred Kaltz und Nikolče Noveski schossen in ihrer Laufbahn je 6 Eigentore.

11 B) Er flog am 4. Spieltag als erster Bundesligaspieler vom Platz.

12 A) Ey und Ba sind die Spieler mit den kürzesten Nachnamen in der Bundesliga.

13 B) Er lief 13,9 km.

14 B) Er lief 35,53 km/h.

15 A) Der Ball flog ca. 82 Meter weit ins Tor (Spielfeldlänge zum Vergleich: 104 m).

16 B) Köln wurde 1964 Deutscher Meister.

17 A) 1966 gewann Borussia Dortmund den Europapokal der Pokalsieger mit 2:1 (nach Verlängerung) gegen den FC Liverpool.

18 B) Die SpVgg Greuther Fürth gewann 2012/2013 kein Heimspiel.

19 C) 4-mal (1972–1974, 1985–1987, 1999–2001, 2013–2015)

20 A) Gladbach wurde 1970 und 1971 Deutscher Meister.

21 B) Bielefeld und Nürnberg schafften jeweils 7-mal den Sprung in die 1. Bundesliga.

22 A) Der 1. FC Kaiserslautern wurde 1998 als Aufsteiger Deutscher Meister.

23 A) Saarbrücken landete 1964 auf dem letzten Platz.

24 C) Preußen Münster spielte nur in der Saison 1963/1964 erstklassig.

25 B) Der Klub erreichte in der Saison 1965/1966 nur insgesamt 8 Punkte.

26 B) Das Stadion von Borussia Dortmund fasst über 80 000 Zuschauer.

27 A) Nur die Bayern-München-Spiele sind seitdem immer ausverkauft.

28 B) 169 Spiele waren ausverkauft.

29 C) Alemannia Aachen

30 B) Oliver Kahn wurde 8-mal Deutscher Meister.

31 C) Manuel Neuer hielt in bisher fast der Hälfte seiner Spiele das Tor „rein".

32 B) Rudi Kargus hielt 23 Elfmeter.

33 C) Hans Jörg Butt erzielte 26 Tore – alle als Elfmeter.

34 C) In 581 Spielen gelangen ihm bei 60 Elfern 53 Treffer.

35 A) Er hat 5 (von 23 geschossenen) Elfmetern verschossen.

36 B) 1978 schlug Gladbach Dortmund mit 12:0.

37 C) 15 – beim Spiel Dortmund gegen Bayern München im April 2001 gab es 12 gelbe, 1 gelb-rote und 2 rote Karten.

38 B) 4 Spieler sahen rot.

39 A) 4 Elfmeter wurden 1965 beim Spiel Gladbach gegen Dortmund verwandelt.

40 B) Das Olympiastadion war mit 88 075 Zuschauern gefüllt.

41 A) Otto Rehhagel stand bei 832 Spielen als Trainer am Spielfeldrand.

42 B) Er war 34 Jahre alt.

43 A) Udo Lattek wurde 8-mal Deutscher Meister, 6-mal mit Bayern München, 2-mal mit Gladbach.

44 C) Otto Rehhagel war 15 Jahre lang Trainer bei Werder Bremen, später Thomas Schaaf 14 Jahre lang.

45 B) Offenbach (1970/1971) und Duisburg (1977/1978) hatten je 5 Trainer in einer Spielzeit.

46 C) Er war 206-mal in einer Partie am Ball.

47 B) Andreas Görlitz trug in der Saison 2007/2008 beim Karlsruher SC die „77".

48 C) Als Gründungsmitglied der Bundesliga stieg Bremen nur 1980 ab und in der folgenden Saison sofort wieder auf.

49 B) Im März 2014 war Bayern München bereits am 27. Spieltag der Saison Deutscher Meister.

50 A) 1968/1969 kamen in der gesamten Saison nur 13 Spieler zum Einsatz.

Nationalmannschaft

51 A) Am 5. April 1908 verlor die deutsche Nationalelf ihr allererstes Spiel mit 3:5 gegen die Schweiz.

52 A) Sepp Herberger war von 1936 bis 1964 Trainer der deutschen Nationalmannschaft.

53 C) Bei den Olympischen Spielen 1912 gewann Deutschland 16:0 gegen Russland.

54 C) 10

55 C) In 44 von seinen 95 Spielen für Deutschland ließ Sepp Maier keinen Ball durch.

56 B) Lothar Matthäus spielte zwischen 1980 und 2000 150-mal für Deutschland.

57 A) Miroslav Klose schoss zwischen 2001 und 2014 71 Tore für Deutschland.

58 B) Willy Baumgärtner war 1908 bei seinem ersten Spiel 17 Jahre und 104 Tage alt.

59 A) Franz Beckenbauer war von 1970 bis 1977 an 60 aufeinanderfolgenden Spielen der deutschen Mannschaft beteiligt.

60 B) Michael Ballack verwandelte 9 Elfmeter im Nationaltrikot.

Weltmeisterschaft

61 C) Uruguay wurde im eigenen Land erster Weltmeister.

62 A) Ca. 200 000 Zuschauer sahen 1950 das WM-Endspiel zwischen Brasilien und Uruguay im Maracaná-Stadion.

63 C) 1982 gewann Deutschland das Halbfinale gegen Frankreich mit 5:4 im Elfmeterschießen.

64 B) Ungarn schlug El Salvador 1982 mit 10:1.

65 C) 4 Spieler mussten nach gelb-roter Karte vom Platz.

66 C) Brasilien wurde bislang 5-mal Weltmeister.

67 B) Brasilien

68 A) Deutschland 2014 in Brasilien

69 A) Deutschland war 8-mal WM-Finalist.

70 C) Noch nie gewann eine Mannschaft mit einem ausländischen Trainer eine WM.

71 A) Zwischen 1934 und 2014 schoss Deutschland 224 WM-Tore.

72 B) 8

73 C) Die Schweizer verwandelten im Elfmeterschießen gegen die Ukraine keinen Elfmeter.

74 A) Brasilien verlor 2014 1:7 gegen Deutschland.

75 B) Alle 23 gemeldeten Spieler kamen zum Einsatz.

76 B) Pelé wurde 1958, 1962 und 1970 mit Brasilien Weltmeister.

77 C) Franz Beckenbauer wurde 1974 und 1990 Weltmeister.

78 B) Diego Maradona spielte 16-mal als Kapitän bei einer WM für Argentinien.

79 C) Miroslav Klose traf zwischen 2002 und 2014 16-mal.

80 B) Toni Kroos erzielte 2014 beim Spiel gegen Brasilien das 3:0 und das 4:0 innerhalb von 69 Sekunden.

81 B) Der kolumbianische Torwart Faryd Mondragón war beim WM-Spiel gegen Japan 2014 43 Jahre und 3 Tage alt.

82 C) Roger Mila schoss mit 42 Jahren bei der WM 1994 sein letztes Tor für Kamerun.

83 C) Der Torwart war 39 Jahre alt.

84 B) Alle drei trafen bei je 4 verschiedenen Weltmeisterschaften.

85 A) Alle drei trafen in jedem ihrer WM-Spiele.

86 A) Der Schiedsrichter verwarnte ihn dreimal mit einer gelben Karte, ehe er ihn vom Platz stellte.

87 B) 7 verschiedene Spieler schossen beim 9:0 ein Tor.

88 A) Er erhielt die rote Karte nach 1 Minute.

89 B) Der Italiener war zwischen 1988 und 2002 2217 Minuten bei WM-Spielen auf dem Platz.

90 A) Er schoss mit 17 Jahren 1958 im Halbfinale gegen Frankreich drei Tore hintereinander.

91 B) 2002 erzielte der Türke Hakan Şükür nach 11 Sekunden das 1:0 gegen Südkorea.

92 A) Er schoss 16 Sekunden nach seiner Einwechslung das 1:3 gegen Senegal.

93 B) Der Spanier Andres Iniesta schoss im Finale 2010 in der 116. Minute das 1:0 gegen die Niederlande.

94 B) 12 – 1954 gewann die Schweiz 7:5 gegen Österreich.

95 A) Die Italiener schossen in allen Vorrundenspielen insgesamt nur ein Tor.

96 B) George Reader war 53 Jahre alt, als er 1950 das WM-Finale in Brasilien zwischen Uruguay und Brasilien pfiff.

97 A) Er leitete das Eröffnungsspiel in München und das Finale in Berlin.

98 A) Rehhagel war bei der WM 2010, bei der er Griechenland trainierte, 71 Jahre alt.

99 C) Er wurde 1998 als Trainer von Saudi-Arabien während der WM-Vorrunde entlassen (nachdem er 1994 mit Brasilien Weltmeister geworden war).

100 B) Der jugoslawische Kapitän Raijko Mitic verletzte sich an einer Kabinentür und musste genäht werden. Der Schiedsrichter pfiff das Spiel trotzdem pünktlich an.

Europameisterschaft

101 B) Die Spanier ließen nur ein Gegentor zu.

102 C) Spanien wurde 2008 und 2012 Europameister.

103 C) Deutschland wurde 1996 durch das Golden Goal von Oliver Bierhoff Europameister.

104 A) Frankreich gewann auf diese Weise die EM 2002.

105 A) Sie gewannen als einziges Team, das als Lucky Loser (Nachrücker) am Turnier teilnahm, die Europameisterschaft.

106 B) Portugal bewarb sich mit dem Bild, das das ganze Spielfeld im Stadion von Lissabon füllte, erfolgreich um die EM 2004.

107 B) Die Sowjetunion gewann im Finale 2:1 gegen Jugoslawien.

108 C) Die erste EM begann im September 1958 und endete im Juli 1960.

109 A) Es waren nur knapp 4 000 Zuschauer im Stadion, das damals etwa 90 000 Plätze hatte.

110 B) 9 – im Halbfinale 1960 siegte Jugoslawien 5:4 gegen Frankreich.

111 B) Er schoss im Spiel gegen Jugoslawien drei Tore innerhalb von 18 Minuten.

112 B) Berti Vogts wurde 1972 und 1996 Europameister.

113 C) Er war genau 18 Jahre und 71 Tage alt.

114 A) 1984 schoss Michel Platini 9 EM-Tore für den Sieger Frankreich.

115 B) Er war 73 Jahre alt.

Europäischer Fußball

116 B) In England entstanden Mitte des 19. Jahrhunderts die ersten Fußballvereine.

117 A) Barcelona gewann das Triple 2015 zum zweiten Mal nach 2009.

118 C) Die Glasgow Rangers gewannen bereits 54-mal die schottische Meisterschaft.

119 A) Steaua Bukarest gewann zwischen 1986 und 1989 106 Spiele hintereinander.

120 B) Die Stadien der schottischen Erstligisten Dundee United und Dundee FC liegen direkt nebeneinander in derselben Straße.

121 C) 18 – 1965 schlug Benfica Lissabon Stade Dudelange im Hinspiel 8:0 und im Rückspiel 10:0.

122 A) Real Madrid holte den Titel 2014 zum 10. Mal.

123 B) 1969 gewann Celtic Glasgow das Spiel gegen Benfica Lissabon durch Losentscheid, nachdem Hin- und Rückspiel jeweils 3:0 für die Heimmannschaft ausgegangen waren.

124 B) Bei einem Spiel 2009 waren die Spieler vom FC Arsenal durchschnittlich 20,9 Jahre alt.

125 B) Roy Makaay brachte 2007 sein Team nach 10,12 Sekunden mit 1:0 in Führung – gegen Real Madrid!

126 A) Real Madrid wurde bereits 32-mal spanischer Meister.

127 B) Er traf 50-mal.

128 B) Er wurde 19-mal vom Platz gestellt.

129 A) Real Madrid beendete die Saison 2011/2012 mit 121 erzielten Treffern.

130 A) Athletic Club Bilbao und Atlético Madrid trennten sich 1950 6:6.

131 C) CFC Genua gibt es seit 1893.

132 B) Giovanni Trappatoni wurde 6-mal mit Juventus Turin und einmal mit Inter Mailand italienischer Meister.

133 C) Er erzielte Treffer für 12 Teams.

134 A) Der Torhüter Gianluigi Buffon hat bereits über 140 Länderspiele für sein Land absolviert.

135 B) Er pfiff zwischen 1991 und 2005 240 Begegnungen.

136 B) David Hirst schoss den Ball mit 183 km/h gegen die Latte.

137 A) Der FC Arsenal gewann in der Saison 2003/2004 26 Spiele und spielte 12-mal unentschieden.

138 B) In 4 Ligen der English Football League

139 B) Er gewann mit dem FC Aberdeen und Manchester United insgesamt 49 Titel.

140 A) Sie stiegen ab, obwohl sie die meisten Tore der Liga geschossen und auch ein positives Torverhältnis hatten.

141 B) Saint Etienne gewann insgesamt 10-mal die Ligue 1.

142 B) Zwischen 2002 und 2008 gewann das Team 7-mal.

143 C) Von 1961 bis 2005 betreute er das Team 890-mal.

144 B) Sie hatten 1048 Ballkontakte.

145 B) Zlatan Ibrahimovic schoss in der Saison 2012/2013 30 Tore.

146 B) Ajax Amsterdam war schon 25-mal niederländischer Meister.

147 B) Er wurde von 1991 bis 2004 14-mal lettischer Meister.

148 C) Die „Fahrstuhlmannschaft" stieg 18-mal auf und ab, nur 2007 gelang es ihr, in der ersten Liga zu bleiben.

149 A) Er blieb von 1986 bis 1989 in 104 Spielen hintereinander ungeschlagen.

150 A) Zwei Teams – die Garrison Gunners und die Woolpack Wanderers – spielen die Meisterschaft unter sich aus und treten dafür 16-mal pro Saison gegeneinander an.

Frauenfußball

151 B) 1984: Die Schwedinnen wurden erste Frauen-Europameister.

152 B) Die Deutschen gewannen bereits 8-mal die EM.

153 A) Sie schoss 6 Tore.

154 B) Birgit Prinz war beim WM-Finale 1995 17 Jahre und 236 Tage alt.

155 C) Sie wurden als Erste Weltmeisterinnen ohne ein einziges Gegentor.

156 B) 2011 siegten die deutschen Frauen bei der EM-Qualifikation gegen Kasachstan mit 17:0.

157 B) Brigit Prinz spielte zwischen 1994 und 2011 214-mal für Deutschland.

158 B) Birgit Prinz schoss 128 Tore für Deutschland.

159 B) Sie traf zwischen 1989 und 2003 12-mal.

160 A) Marta wurde von 2006 bis 2010 5-mal in Folge zur Weltfußballerin gewählt.

161 A) Die Spielerinnen des TuS Wörrstadt gewannen 1974 die erste deutsche Meisterschaft.

162 C) Gladbach wurde zwischen 1977 und 1989 9-mal Deutscher Meister.

163 B) Inka Grings wurde zwischen 1999 und 2010 6-mal Torschützenkönigin.

164 C) Sie traf 15-mal.

165 A) Das Essen-Stadion fasst über 20 000 Zuschauer.

166 A) Seit der ersten Austragung 2001/2002 holte bereits 8-mal ein deutsches Team den Titel.

167 B) Sie war 15 Jahre und 220 Tage alt.

168 B) 2003 pfiff Nicole Petignat das Spiel zwischen dem schwedischen Club AIK Solna und dem isländischen Verein Fylkir Reykjavík.

169 B) Sie war erst 14 Jahre alt.

170 C) Am Copa Telmex 2014 in Mexiko nahmen 2005 Teams teil.

Tore

171 B) Der Russe Mihail Osinov traf 2011 in einem russischen Zweitligaspiel nach 2,68 Sekunden.

172 A) Er traf zwischen 1909 und 1935 1329-mal.

173 C) Der Liberianer George Weah führte 1996 den Ball 90 Meter über den Platz und schoss das 4:1 für den AC Mailand gegen Verona.

174 C) In Norwegen landete ein Kopfball nach 58,13 m im Netz. Der Torwart war in der letzten Spielminute mit vor dem gegnerischen Tor gewesen und hatte sein Tor verwaist zurückgelassen.

175 A) Magnus Arvidsson traf in einem schwedischen Zweitligaspiel innerhalb von 89 Sekunden dreimal hintereinander.

176 C) Messi schoss in der Saison 2012/2013 für den FC Barcelona in 19 aufeinanderfolgenden Spielen 30 Tore – und damit gegen alle 19 Gegner in der spanischen Liga.

177 B) Sein Abstoß ging direkt ins gegnerische Tor.

178 C) Beim 31:0-Sieg der Australier schoss er 13 Tore.

179 A) ADEMA gewann 149:0 und alle Tore waren Eigentore der gegnerischen Mannschaft, die damit gegen ihres Erachtens falsche Schiedsrichterentscheidungen protestierte.

180 A) Sie fielen ohne eine dazwischen liegende gegnerische Ballberührung hintereinander: Direkt nach dem 1:0 wurde zur Pause abgepfiffen und unmittelbar nach dem Wiederanpfiff traf Wycombe zum 2:0.

181 B) Im März 1971 schoss Gerhard Faltermeier von Jahn Regensburg das erste Tor des Monats.

182 A) 1974 schoss Bärbel Wohlleben vom TuS Wörrstadt als erste Frau das Tor des Monats.

183 C) 1973 wurden 6 Tore von Gladbach zum Tor des Monats gewählt.

184 B) Bereits 10 Tore von Lukas Podolski wurden zum Tor des Monats gewählt.

185 C) 9-mal waren Torhüter die Torschützen des Monats.

Fussballartistik

186 C) Der Rekord gelang während eines Kulturfestivals in China.

187 B) Er „schulterte" ihn 169-mal.

188 C) Der Ball fiel nach 30 Minuten und 5 Sekunden herunter.

189 C) Der Ball fiel aus 102,5 m Höhe in seine Arme.

190 C) Er hielt 10 Minuten und 4 Sekunden durch.

191 B) Er rollte 119-mal im Kreis.

192 C) 2068 Personen dribbelten im Gazastreifen für jeweils mindestens 5 Minuten durch die Hütchen.

193 C) Indem er 18 Stufen pausenlos rauf- und runterlief, schaffte er in knapp 2 Stunden insgesamt 4698 Stufen.

194 C) Ihm gelangen 61 „Umdrehungen".

195 B) Er schaffte 51,33 m.

196 B) Er hielt ihn 12 Minuten und 47 Sekunden in der Luft.

197 B) 596 Menschen passten sich nacheinander einen Fußball zu.

198 A) Er schaffte 21 T-Shirts.

199 B) 211-mal

200 B) Er ging durch ein – natürlich mit Wasser gefülltes – Schwimmbecken.

201 A) Er benötigte 17,53 Sekunden.

202 B) Victor Rubilar und Marko Vermeer halten beide den Rekord: Sie können jeder gleichzeitig 5 Fußbälle für mindestens 10 Sekunden in der Luft halten.

203 B) Sie prellte den Ball 206-mal.

204 A) Er schaffte währenddessen 120 Seilsprünge.

205 B) Er hielt ihn 44,57 Sekunden in der Luft.

206 B) Der Ball blieb 8 Stunden, 32 Minuten und 3 Sekunden in der Luft.

207 A) Er „prellte" ihn mit den Lippen.

208 A) Die japanische Maschine Ichi-Go schaffte 225 km/h, der härteste gemessene Schuss eines Profis war ein Freistoß des Brasilianers Ronny mit 210 km/h.

209 B) Er brauchte 3 Stunden, 29 Minuten und 55 Sekunden (zum Vergleich: Der Marathon-Weltrekord ohne Ball liegt bei knapp über 2 Stunden).

210 A) Er hielt 19,96 Sekunden durch.

211 A) Sie war 10 Jahre alt.

212 B) 61-mal

213 B) Sie schafften es 1013-mal hin und her.

214 B) Er stieg rückwärts die 75 Stufen einer Feuerleiter herunter.

215 C) Er prellte den Ball 3 Minuten und 40 Sekunden.

216 A) Sie kickten 107-mal hin und her.

217 C) 202-mal

218 A) Sie spielten den Ball mit dem Nacken hin und her.

219 C) Er hielt den Ball 26 Stunden in der Luft.

220 B) Er brauchte 18,53 Sekunden (zum Vergleich: Die 100-Meter-Weltrekordzeit liegt bei 9,58 Sekunden).

Kurioses

221 C) 73 Stunden am Stück spielten 36 Amateurfußballer im Juni 2014 bei einem Benefizspiel im französischen Kerbach.

222 C) In Kanada endete das längste Hallenfußballspiel nach 30 Stunden und 10 Minuten 282:275.

223 C) 215 273 Spieler in 12 238 Teams spielten beim Copa Telmex 2014 in Mexiko.

224 A) In Sandygate im englischen Sheffield wurde das erste offizielle Spiel im Dezember 1860 ausgetragen.

225 B) An der Nordküste Norwegens liegt die Stadt Alta mit dem Verein Alta IF.

226 A) Der Ball, der 2013 in Katar ausgestellt wurde, hat einen Durchmesser von 12,188 m und wiegt ca. 960 kg.

227 B) Die Skulptur aus Stahl und Fiberglas hat einen Durchmesser von 24 Metern und ziert einen Sendeturm in Südafrika.

228 A) Das Fußballmuseum Dalemas in Argentinien besitzt 861 verschiedene Fußbälle.

229 B) Der älteste Fußball wurde in einem englischen Schloss gefunden und ist etwa 450 Jahre alt.

230 C) Es waren genau 142 393 Bälle.

231 C) Pelés Trikot von der WM 1970 wurde 2002 in London für 157 750 Pfund (über 200 000 Euro) versteigert.

232 B) Der älteste noch existierende FA-Cup-Pokal der englischen Liga von 1896 wurde 2005 für 420 000 Pfund (fast 600 000 Euro) verkauft.

233 C) Den Goldenen Schuh für den besten Torschützenkönig der europäischen Topligen hat Beckenbauer nie bekommen.

234 B) An dem 101 Meter langen Tisch ist Platz für 334 Spieler.

235 C) 1911 trugen erstmals zwei Fußballmannschaften aus Sydney in Australien Rückennummern.

Bunt Gekicktes

236 A) Samuel Keplinger pfiff als 9-Jähriger sein erstes Spiel bei einem Jugendturnier.

237 C) Über 57 Jahre leitete der Ungar Csernyi Géza Fußballspiele als Schiedsrichter.

238 C) Pierluigi Collina wurde von 1998 bis 2003 6-mal Weltschiedsrichter des Jahres.

239 A) 5-mal ließ der Schiedsrichter den Elfmeterschuss wiederholen. Der 6. Schuss galt und wurde verwandelt.

240 A) 26 – der SV Sandhausen besiegte 1995 den VfB Stuttgart mit 13:12 im Elfmeterschießen (den 26. Elfmeter verschoss Stuttgart).

241 B) Schottland und England trennten sich in Glasgow 0:0.

242 A) Ägypten gewann bereits 6-mal.

243 A) Alle drei haben die Copa América gewonnen.

244 B) Michael Ballack wurde 2002 mit Bayer Leverkusen Vizemeister, verlor die Finals des DFB-Pokals und der Champions League und wurde außerdem Vizeweltmeister.

245 B) Der KV Mechelen aus Belgien gewann 1988 den Europapokal der Pokalsieger, die Stadt hat 80 000 Einwohner.

246 C) Bei einem Bezirksligaspiel 2007 zwischen Wesel und Bottrop ließ der Schiedsrichter 28 Minuten nachspielen.

247 A) Mauricio Baldivieso war 12 Jahre alt, als er bei einem Spiel der bolivianischen Topliga eingewechselt wurde – ein Geburtstagsgeschenk an ihn vom Trainer.

248 C) Zwischen 2003 und 2013 spielte er in 7 Ligen für den Verein.

249 C) Er brauchte dafür etwa 8 Monate.

250 B) Wegen Schnee und Eis musste es 33-mal verschoben werden.

Meine Rekorde

Der höchste Sieg meiner Mannschaft

Datum _____

Torverhältnis _____

Mannschaftsgegner_____

Unser Spiel mit den meisten Toren insgesamt

Datum _____

Torverhältnis _____

Mannschaftsgegner_____

Meine Elfmeterbilanz als Schütze (Strichliste)

Getroffen _____

Nicht getroffen _____

Meine Elfmeterbilanz als Torwart (Strichliste)

Gehalten _____

Nicht gehalten _____

So lange kann ich einen Ball mit Füßen
und Beinen in der Luft halten
Datum _____
Zeit _____

So oft kann ich einen Ball mit dem Kopf prellen
Datum _____
Anzahl _____

So oft kann ich einen Ball im Sitzen
auf dem Schienbein prellen
Datum _____
Anzahl _____

So oft können mein Kumpel und ich
uns den Ball hin- und herpassen
Datum _____
Anzahl _____

Bildnachweis

© Fotolia:
Layout: Thaut Images (Rasen), fakegraphic (Scherenschnitte), sonne_fleckl (Rahmen);
S. 10 stockWERK; S. 12 KB3; S. 14 Sergey Nivens; S. 17 flucas;
S. 19 SG-design; S. 21 Thaut Images; S. 22 saxlerb;
S. 24 Michael Homann; S. 26 senoldo; S. 31 mariba36;
S. 29 Marco2811; S. 33 thomas.andri; S. 38 mirpic; S. 43 iCreations.de;
S. 44 fotomek; S. 46 p!xel 66; S. 50 by-studio; S. 52 TaubeundSohn;
S. 55 esancai; S. 59 VRD; S. 62 o. goran; u. Dusan Kostic;
S. 64 Jürgen Fälchle; S. 69 pmphoto; S. 75 beachboyx10;
S. 79 Vitaly Krivosheev; S. 83 fotogestoeber; S. 84 javier brosch;
S. 88 Cello Armstrong; S. 93 Dominique; S. 95 beermedia.de;
S. 96 suzannmeer; S. 98 Marina Lohrbach; S. 100 Peter Atkins

Weitere Informationen zum Kinder- und
Jugendbuchprogramm der S. Fischer Verlage,
auch zu E-Book-Ausgaben, gibt es bei
www.blubberfisch.de und www.fischerverlage.de

MIX
Papier aus verantwor-
tungsvollen Quellen
FSC® C004592

Erschienen bei FISCHER Meyers Kinderbuch
© 2016 S. Fischer Verlag GmbH,
Hedderichstr. 114, D-60596 Frankfurt am Main
„Meyers" ist eine eingetragene Marke des
Verlags Bibliographisches Institut GmbH, Berlin.

Alle Rechte vorbehalten.
Umschlaggestaltung: Atelier Bea Klenk
Umschlagabbildungen: Illustration: Sabine Legien; Fussball: © Fotolia / Smilens
Layout und Satz: Judith Meyer, www.type-on-demand.de
Druck und Bindung: Firmengruppe Appl, aprinta druck GmbH, Wemding
Printed in Germany

ISBN 978-3-7373-7176-6

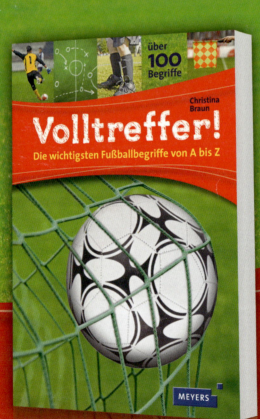